LOUIS DESNOYERS

EN VENTE CHEZ LE MÊME LIBRAIRE

CONFESSIONS
DE MARION DELORME

PAR EUGÈNE DE MIRECOURT

60 livraisons à 25 centimes, avec gravures.
18 fr. l'ouvrage complet par la poste.

Paris. — Typ. de Gaittet et Cie, rue Git-le-Cœur, 7.

LOUIS DESNOYERS

LES CONTEMPORAINS

LOUIS DESNOYERS

PAR

EUGÈNE DE MIRECOURT

PARIS

GUSTAVE HAVARD, ÉDITEUR

BOULEVARD DE SÉBASTOPOL

rive gauche

L'Auteur et l'Éditeur se réservent tous droits de reproduction

1858

AVANT-PROPOS

———

Nous touchons à la fin de notre œuvre. Deux mois de travail encore, les cinquante volumes promis seront entre vos mains, chers lecteurs.

De toutes parts on nous apostrophe, en disant :

— Vous n'avez pas le droit de vous arrêter! Beaucoup d'autres illustrations contemporaines réclament leur place dans votre galerie. Les en exclure serait une grave injustice.

Nous partageons cet avis.

Probablement une seconde collection viendra combler les lacunes de la première, bien que jusqu'ici la tâche ait été rude et la lutte pénible.

Si nous n'avions pas eu pour nous la force de la vérité, le calme de la conscience, jamais nous n'eussions pu vaincre les obstacles dressés autour de nous par la rancune.

Eh bien, nos maîtres, nous avez-vous fermé la bouche?

Un seul d'entre vous se flattera-t-il d'avoir eu sur notre pensée, sur nos jugements la moindre influence?

A-t-on pu suspendre le blâme ou retenir l'éloge?

Qui dira que nous ayons montré de l'hésitation? qui osera nous accuser de faiblesse ou de crainte?

En affirmant que l'histoire vivante ne pouvait s'écrire, vous ressembliez à ce disciple de Zénon, qui niait le mouvement.

Diogène, pour toute réponse, haussa les épaules, et se prit à marcher.

Nous avons fait comme Diogène.

A force d'être soutenus avec aplomb, tant de mensonges et tant de sottises passent, dans notre siècle, pour articles de foi, qu'il est bon de démolir, par intervalle, quand on les rencontre, ces monuments d'absurdité.

Prétendre que les biographies contemporaines sont impossibles, c'est dire qu'un peintre ne réussira pas un portrait, juste au moment où l'original pose devant lui, et qu'il doit attendre, pour mieux attraper la ressemblance, que son modèle soit sous la tombe.

C'est là votre logique.

Ne soyez donc pas étonnés si la masse des lecteurs nous donne raison contre vous.

Le but que nous nous proposions est atteint, grâce à la faveur constante dont le public a bien voulu appuyer nos efforts, et, dès aujourd'hui, nous pouvons annoncer les personnages qui doivent compléter notre première série.

Le quarante-sixième volume des *Contemporains* renfermera la biographie d'Alphonse Karr.

Le quarante-septième sera consacré à MM. Alexandre Dumas fils et Champfleury.

Le quarante-huitième donnera l'histoire de Louis Veuillot.

Le quarante-neuvième servira de cadre au portrait de Léon Gozlan.

Enfin, le cinquantième nous permettra d'offrir à nos lecteurs la tête éthiopienne d'Alexandre Dumas père, le fléau des lettres modernes, l'éhonté marchand de phrases, qui a fait du temple une boutique, et de la muse une gourgandine.

EUGÈNE DE MIRECOURT.

Paris, 1ᵉʳ novembre 1855.

LOUIS DESNOYERS

Intrépide partisan des voyages à Cythère, l'écrivain dont nous allons raconter l'histoire ne nous pardonnerait jamais si nous recherchions trop exactement la date de son baptême.

On ne se doute pas du nombre prodigieux d'héroïnes qui admirent sa verdeur et proclament ses qualités puissantes.

Nous laisserons, par conséquent, à la curiosité de ces dames une marge assez étendue pour que l'illusion s'y promène et leur donne le change.

Les années de l'existence sont disposées en échelle.

Tout en haut se trouve la mort; l'homme est en bas, et chaque échelon le rapproche du spectre, qui daigne parfois descendre à sa rencontre et lui abréger le chemin.

Desnoyers perche entre le dix-huitième et le cinquantième échelon.

Voilà, certes, un renseignement qui n'est pas de nature à le compromettre aux

yeux de celles qui l'ont en si haute estime.
Il peut continuer à tresser des myrtes et à
parcourir les plaines embaumées d'Ama-
thonte.

Que Vénus le préserve de la goutte !

Le rédacteur en chef du feuilleton du
Siècle est né à Replonges, petit hameau
du département de l'Ain [1].

Son père, spéculateur plein d'originalité,
fit l'acquisition d'une antique demeure
féodale, non pour y abriter ses dieux lares,
mais pour démolir au plus vite bastions et
tourelles.

Notre Bourguignon comptait réaliser

---

[1] Sur la limite du département de Saône-et-Loire, à une demi-lieue de Mâcon.

sur les matériaux un bénéfice considérable.

Or les paysans, ses voisins, par obstination pure, sans doute, ou par malice, continuèrent à bâtir en pisé [1] leurs fermes et leurs huttes.

François Desnoyers ne vendit pas une seule de ses pierres de taille.

Comme il lui en eût trop coûté pour les remettre en place et reconstruire tourelles et bastions, il résolut, en homme habile, de couvrir cette perte par une spéculation meilleure.

Il possédait, dans le voisinage de Charolles, une forêt de trois hectares, plantée de jeunes chênes.

[1] Construction en terre rendue compacte.

A l'une des foires du pays, il vend une quantité de merrain prodigieuse[1], et s'engage à livrer le tout à époque fixe.

L'automne lui amène ses acheteurs à Digoin, avec dix-neuf bateaux destinés au chargement.

Mais François Desnoyers, par un manque de mémoire étrange, n'a plus songé à faire abattre ses chênes. Comme le merrain se trouve en hausse, on lui intente une action judiciaire, et les juges le condamnent à payer des dommages-intérêts énormes, pour avoir manqué la livraison.

Trois ou quatre cent mille francs, ab-

---

[1] Menues planches de chêne, avec lesquelles on confectionne les douves des futailles.

sorbés par une multitude d'affaires commerciales de ce genre, préservent aujourd'hui son fils de la tentation de dissiper la succession paternelle.

Louis Desnoyers, comme on le verra plus tard, a été constamment déchu de ses plus légitimes espérances, en fait d'héritage. Un homme n'a jamais à la fois tous les bonheurs.

Il commença ses classes au collége d'Autun, et les termina au collége de Mâcon.

Paresseux, mais doué d'une facilité rare, il eut très-promptement achevé ses études. On le choisit pour professer les humanités au collége de Magnac-Laval, dirigé par l'abbé Comparet.

Le jeune homme arriva dans cette ville tout exprès pour s'y emparer de la première fièvre typhoïde que le pays eut jamais vue.

Nourri de la lecture de Molière, et traitant comme lui les médecins avec beaucoup d'irrévérence, il trembla de se confier à leurs soins et jeta toutes les drogues qu'ils lui présentèrent dans la ruelle de son lit.

En moins de huit jours, il but un hectolitre d'eau fraîche.

Ce remède, aussi hardi que simple, ne tarda pas à le conduire à la convalescence.

Ses parents lui destinaient la main d'une demoiselle qui résidait à Mâcon, mais dont le frère occupait à Paris un emploi supérieur, et promettait au jeune couple un appui sérieux.

Fatigué de l'enseignement, Louis se fait clerc de notaire en attendant l'hyménée.

On lui dit que sa future est excellente musicienne. Aussitôt il se hâte d'apprendre, d'un virtuose bourguignon, les règles de la fugue et du contre-point, pensant arriver de la sorte à entretenir un jour son ménage en perpétuel accord.

« Il composa, dit l'auteur de la *Galerie de la Presse*, des symphonies et des cantates; que sa philanthropie bien connue l'empêcha toujours de faire exécuter en public. »

Afin d'étudier de près les charmes de sa

promise, Desnoyers quitte Magnac-Laval,
et revient à Mâcon.

La jeune personne, hélas! lui sembla
douée d'agréments bien inférieurs à ceux
qu'il espérait trouver en elle. Prétextant
le désir fort simple de connaître son futur
beau-frère, il prend, un matin, la route
de Paris avec une trentaine de napoléons
en poche.

Par une distraction bizarre, une fois
lancé dans le tumulte de la capitale, Desnoyers arrive à perdre entièrement de
vue le mariage, sa promise, et la visite à
rendre au beau-frère.

On eût dit que jamais il n'avait songé
à prendre femme.

Logé rue Saint-Hyacinthe-Saint-Michel, il se prépare à étudier la jurisprudence; mais à l'hôtel même qu'il habite, il fait la mauvaise connaissance de trois locataires fabricants de vaudevilles, qui le dissuadent de prendre la moindre inscription à l'École de droit.

Ce sont MM. Varin, Étienne Arago et Desvergers, qui, plus tard, mettent notre héros en rapport avec M. Laurencin.

Louis occupe une chambre au rez-de-chaussée, sur la rue.

Ses nouveaux amis se plaignent avec beaucoup d'amertume de la maîtresse d'hôtel, qui n'a point de nez, et que l'absence de cette partie saillante du visage rend impitoyable en matière de sentiment.

Louis est d'une nature compatissante.

Toutes les personnes exclues de l'hôtel à certaine heure sont invitées à rentrer par la fenêtre, et notre jeune Bourguignon se prête complaisamment aux escalades.

Ce rôle coupable lui attire la reconnaissance des vauriens de l'endroit.

Nos auteurs dramatiques le conduisent à tous les théâtres où se chantent leurs couplets, et lui ouvrent le sanctuaire des coulisses.

Persuadé que ses deux cents écus peuvent lui permettre d'attendre en toute quiétude la fin du monde, Desnoyers vaudevillise du matin au soir, et sacrifie à Cupidon du soir au matin.

Les pièces qu'il composait alors portaient le pseudonyme de Derville, ou celui de Trois Étoiles.

Ces premières œuvres théâtrales, réunies à la multitude d'articles qu'il a publiés depuis vingt-cinq ans, soit dans les revues, soit dans les journaux grands ou petits, représentent une valeur de plus de soixante volumes, et les neuf dixièmes de ces pages, écloses sous une imagination féconde, n'ont jamais été signées de son nom véritable.

Desnoyers, comme le plus grand nombre des jeunes écrivains, éprouva tout d'abord des difficultés insurmontables à placer les élucubrations de sa plume.

Il montra quelque temps de la patience.

Mais, reconnaissant bientôt qu'on a pour système absolu, dans le journalisme, de fermer la porte au nez des hommes de lettres qui débutent, il se fâcha tout rouge, traitant de niais et de jaloux les rédacteurs de *la Pandore* et du *Figaro*, qui refusaient d'imprimer ses articles.

Déjà très-fort sur l'épigramme, il administra, pour le même grief, une lettre de plus (la lettre *G*) à M. Dubois de la Loire-Inférieure, chargé de la direction du *Globe*. Il l'appella M. Dubois de la *Gloire inférieure*, et le mot eut beaucoup de vogue.

Une centaine de francs restaient à notre héros sur les trente napoléons apportés de Bourgogne.

Il trouve deux amis possesseurs d'une

somme analogue [1], et leur propose de s'associer à lui pour fonder un journal.

— Tu es fou ! répondent ceux-ci. Nous sommes logés tous les trois dans une mansarde, et jamais on n'a vu installer un bureau d'abonnement au sixième étage.

— Bah ! nous louerons un entre-sol, riposte Desnoyers.

— Et des meubles?

— Il nous faut une table et trois chaises, rien de plus.

— D'accord ; nous voilà tous à la besogne... Mais un administrateur?

— Nous administrerons nous-mêmes.

[1] MM. Vaillant et Cartiller.

— Un caissier ?

— Pour le moment, ce serait un hors-d'œuvre.

— Où trouveras-tu le teneur de livres, le correcteur, le faiseur d'adresses ?

— Toutes ces fonctions diverses seront remplies par nous, mystérieusement, et les portes closes. Allons, du courage !

Il les décide.

Chacun des associés verse dans la caisse une *promesse* de douze cents francs, à prélever sur leurs économies futures, et Louis se nomme rédacteur en chef.

Véritablement il était né pour avoir ce titre.

Ni Fourier, ni ses plus habiles disciples,

en sondant la nature de notre héros, n'eussent pu y découvrir une autre attraction passionnelle. Dans ce mot *rédacteur en chef* se résume toute la vie de l'original écrivain. Nous le trouvons rédacteur en chef dès ses débuts. Depuis, il n'a jamais cessé de l'être. Il l'est aujourd'hui, demain il le sera.

Vous le verrez mourir rédacteur en chef.

Et, par anticipation, nous pouvons dire que nul n'en remplit les devoirs avec plus de conscience.

Jamais la camaraderie ne règne dans la feuille que Desnoyers dirige. On ne l'a jamais vu nier l'esprit des autres et repousser leurs œuvres, en cédant aux instincts d'une jalousie mesquine.

La justice la plus scrupuleuse est sa loi.

Son premier journal fut tout naturellement une concurrence au *Figaro*, qui s'était, comme nous l'avons vu tout à l'heure, fort mal conduit à son égard.

Desnoyers essaya de rendre sa feuille quotidienne, sans être soumis au cautionnement. Il avait d'excellentes raisons pour tâcher d'esquiver cette mesure fiscale.

Certes, le problème n'était pas facile à résoudre.

Néanmoins, il arrive au but en donnant à sa publication quatre titres analogues avec des vignettes différentes, mais de même nature.

Ainsi *le Sylphe*, journal des salons, — *le Trilby*, album des salons, — *le Lutin*, écho des salons, paraissent tour à tour deux fois la semaine. Reste le dimanche, occupé par *le Follet*, courrier des salons, journal de modes qui existe encore, et qui a fait une fortune brillante.

Ce quatuor périodique note ses gammes littéraires sur papier rose.

Pour mieux démontrer aux lecteurs que c'est un seul et même journal, Louis Desnoyers écrit en tête du programme cette phrase devenue traditionnelle :

Le besoin d'un journal rose se fait généralement sentir.

Au commencement de 1830, la nouvelle feuille, aussi républicaine qu'on pouvait l'être sous la Restauration, est poursuivie comme n'ayant pas déposé, au trésor, le cautionnement exigé par les lois sur la presse.

Elle gagne son procès.

Huit cents souscripteurs, à soixante francs, sont déjà conquis, et représentent un budget de quarante-huit mille francs. Le tiers de la somme couvre les frais de l'entreprise, et nos rédacteurs se partagent le reste.

Jugez de la prospérité!

Administrateur, caissier, teneur de livres, correcteur et colleur de bandes, tout le personnel est au grand complet. Nos associés n'ont plus qu'à exciter leur verve, à donner chaque jour un numéro plus piquant, et à regarder ensuite le Pactole couler dans la caisse!

Desnoyers reçoit leurs bénédictions, et fait le journal presque à lui tout seul.

Mais, six semaines après le départ de Charles X, *le Sylphe-Trilby-Lutin-Follet*, ayant eu l'imprudence de conserver sa couleur démocratique, voit de nouveau le procureur général allumer ses foudres.

— Ah! par exemple! s'écrie Louis, montrant à ses copropriétaires l'assignation du parquet, je serais curieux de nous voir condamner le lendemain des barricades!

Sa curiosité fut satisfaite.

La question se décida complétement à leur désavantage. Aucun banquier ne prêta les finances exigibles à la minute même, et le pauvre *Sylphe* replia ses ailes, rognées impitoyablement par les ciseaux judiciaires.

Comme il y avait, en outre, une forte amende, son gérant prit le chemin de Sainte-Pélagie.

En un jour la ruine fut complète.

Desnoyers, qui n'avait plus absolument rien à faire, tomba malade de chagrin.

Ses amis les vaudevillistes étaient habitués à travailler sans lui, et les feuilles rivales du *Sylphe* voyaient avec trop de satisfaction l'ancien rédacteur en chef sans ouvrage, pour songer à lui en donner.

Las de tenir une plume inactive, et profitant de l'occasion pour aller demander à l'air natal le rétablissement de sa santé compromise, Desnoyers part pour la Bourgogne.

Pendant son séjour en province, il n'oublie pas de visiter un vieil oncle à héritage, curé d'une modeste paroisse aux environs de Mâcon.

Ceci est un devoir qu'un neveu sensible et intelligent se plaît toujours à remplir.

Par malheur il y a près de l'oncle certaine Babet non moins attentive, et qui manœuvre avec beaucoup d'adresse au point de vue de la succession.

La Babet du vieux curé se nomme Marianne.

On sait quelles sont les habitudes traditionnelles des servantes de prêtre. Vous les entendez dire : « Notre maison; nos poules », — ou bien encore : « Nous ne disons pas de messe pour quinze sous! »

Marianne, à force d'abuser du pronom possessif, en est venue à cette conviction pleine et entière, que le curé se rendrait coupable de vol à son égard, s'il donnait à quelqu'autre la moindre bribe de son héritage.

Étonné de recevoir un accueil glacial, Louis n'hésite point à en demander la cause au vieillard.

— Ah! mon neveu, répond le respectable prêtre, je ne me consolerai jamais de voir un histrion dans ma famille!

— Comment, mon oncle, un histrion? murmure Louis, les yeux écarquillés de surprise.

— Oui, mon neveu, vous jouez la comédie sur les théâtres.

— Moi, mon oncle?

— Vous-même. Ah! vous ne pouvez pas le nier! Marianne me l'a fait voir sur le journal.

— Pour le coup, voici qui est fort! Ne vous serait-il pas possible, mon oncle, de me montrer ce curieux article?

— Certainement ; je le conserve, et plus d'une fois je l'ai relu, en versant des larmes sur votre déplorable carrière..., car vous êtes excommunié par l'Église... Malheureux enfant ! devenir histrion !

— Mais, mon oncle...

— Attendez ! attendez ! Voici l'article.

Ce disant, le vieillard prend au bord d'une table voisine un numéro des *Débats*, pose sur son nez une énorme paire de besicles, et lit trois ou quatre phrases d'un bulletin de théâtres, qui rend compte d'un fort beau succès de rampe obtenu par M. Charles Desnoyer[1].

[1] Directeur actuel de l'Ambigu-Comique, alors acteur aux Nouveautés.

— Permettez, mon oncle, ce n'est pas moi ! s'écrie Louis. La ressemblance du nom vous a jeté dans une complète erreur. J'ai bien fait çà et là quelques pièces pour la scène ; mais je n'ai jamais monté sur les planches.

— Ah ! dit le curé. Cependant Marianne...

— Marianne se trompait, mon oncle.

— Eh bien, tant mieux ! tant mieux !... Ainsi tu m'affirmes que tu n'es pas histrion ?

— Je vous le jure sur l'honneur.

Desnoyers croit le bonhomme parfaitement convaincu.

Or Marianne, qui veut à toute force gagner la partie, recommence sournoisement à jeter ses perfides suggestions dans la cervelle affaiblie de son maître. Celui-ci ne manque pas, le lendemain, de répéter l'antienne de la veille.

— Ah! mon neveu! je ne me consolerai jamais de voir un histrion dans ma famille.

Louis saute en l'air.

— Encore une fois, mon oncle, je vous jure, je vous proteste...

— Quel malheur! quel scandale! s'écrie le vieillard, levant les bras au plafond d'un air désespéré.

Vraiment, il y avait de quoi pendre Marianne.

Notre pauvre écrivain s'évertue à recommencer la distinction entre l'auteur et l'acteur, entre Louis Desnoyers et Charles Desnoyer, qui n'est pas même son parent, et qui écrit son nom sans S.

— Tu es sûr qu'il s'appelle Charles?

— Oui, mon oncle.

— Tu es sûr que son nom s'écrit sans S... tu en es bien sûr?

— Eh! mon oncle, voyez les *Débats* et leur maudit article!

— C'est vrai, je crois que tu as raison, balbutie le vieux prêtre, frappé de ces réponses concluantes.

Il semble persuadé pour quelques minutes ; puis, après cinq ou six tours de jardin, il murmure, en rentrant au presbytère :

— Ah! mon ami, mon ami! pourquoi t'es-tu fait histrion?

Desnoyers lutte vainement pendant quinze jours contre l'obstination de ce cerveau malade ; désespérant de gagner sa cause, il monte en diligence et revient à Paris.

Son homonyme continue de mériter les bravos du parterre ; on continue, par cette raison même, de parler de Charles Desnoyer dans les comptes rendus de théâtre, et Marianne continue de les lire au vieux prêtre.

Celui-ci déshérite son neveu, laissant à la rusée servante une fortune de cinquante mille écus.

Entièrement dégoûté des oncles à succession, du journalisme et des tracasseries du parquet, Louis songe à se faire épicier, lorsque Philippon, qui a déjà fondé *la Caricature*, le choisit pour rédacteur en chef.

On n'échappe point à son destin.

Presque en même temps, Henri de Latouche, autocrate du *Figaro*, réparant envers notre homme de lettres les anciens torts de sa direction, le prie de vouloir bien collaborer à la partie politique agressive.

Desnoyers donna, dans ce journal, à la

suite l'un de l'autre, ces douze fameux articles où Louis-Philippe et le système étaient lardés d'épigrammes, et qui obtinrent un retentissement si universel.

Le jeune auteur sut y joindre la plaisanterie la plus piquante à une verve intarissable.

Alphonse Karr, Paul Lacroix, Léon Gozlan, Raymond Brucker et Félix Pyat, rédacteurs attitrés du journal, tourmentaient quotidiennement de Latouche, afin de connaître la plume vigoureuse qui poussait des bottes si rudes à l'ordre de choses.

Mais de Latouche tenait au mystère et le regardait comme un des principaux éléments du succès.

Toute sa vie, Desnoyers se laissa de la sorte enterrer sous les limbes de l'anonymie.

Notre héros appartient à ce très-petit nombre de gens de lettres qui peuvent avoir du talent sans devenir fous d'orgueil.

Ce serait une curieuse étude à faire que celle de cette caste, à la fois pleine d'esprit et de sottise, qu'on nomme la caste lettrée. Évidemment il y a là-haut, dans le système providentiel, un arrangement spécial qui ne permettra jamais à ceux qui la composent de se réunir en phalange et de s'entendre.

Pour eux, le miracle de la tour de Babel se renouvellera sans cesse.

Confusion, déchirement, discorde, tel

est, tel sera toujours leur partage. La sentence est écrite sur le livre des destins.

Jetez l'œil autour de vous ; prenez le plus infime croquant littéraire qui ait entre les mains une plume, et qui, de temps à autre, signe quatre phrases de son nom ; questionnez-le, descendez au fond de son âme, vous y trouverez le sentiment du mérite personnel établi sur des proportions extravagantes. Il se dressera lui-même un piédestal de gloire, se couronnera d'une auréole, traitera Chateaubriand, Lamartine et Victor Hugo de crétins, se récriera sur l'imbécillité des libraires qui impriment les œuvres de ces prétendus génies, de préférence aux siennes, — et cela de la meilleure foi du monde, avec une conviction entière, avec un aplomb digne de Bicêtre.

Un livre se demande, un succès devient incontestable; notre homme de lettres hausse les épaules et s'écrie :

— Public stupide !

Il accusera de mauvais goût l'univers entier, plutôt que de convenir du talent d'un seul de ses confrères.

Si les passereaux de la littérature ont cet amour-propre, jugez après cela des aigles.

Essayez de réunir dans un même vol tous ces oiseaux de l'intelligence, ils se débanderont au plus vite, pour se jeter dans des directions contraires. Aucune sympathie ne les rassemble, aucun signe de ralliement n'est compris par cette bande emplumée. Chacun suit sa route, chacun bat de l'aile à l'aventure, chacun se perd plus ou moins sous le vague des nuages, et la plupart, s'épuisant en efforts isolés, tombent dans les abîmes.

Les hommes de lettres, une fois d'accord, gouverneraient le monde.

Dieu ne le veut pas, sans doute, afin de n'avoir point à foudroyer d'autres anges d'orgueil, qui insulteraient sa puissance.

Nos quoque dii sumus.

Revenons à Louis Desnoyers, auquel ne

sont point applicables les réflexions qui précèdent.

Juste au moment où ses articles du *Figaro* obtenaient un si merveilleux succès, on vint lui apprendre que le pouvoir, désirant mettre un terme aux attaques, prenait le parti connu d'acheter le journal dont il avait à se plaindre.

— Cela ne se passera point ainsi, messieurs! dit Henri de Latouche[1] à ses camarades de rédaction. Je vous propose de créer un nouveau journal et de l'intituler *le Vengeur!*

L'idée semble excellente.

[1] Comme l'un des propriétaires du *Figaro*, il avait parfaitement reçu sa part dans le prix de la vente.

On tient conseil. Il s'agit d'arrêter le programme de la nouvelle feuille.

Au moment le plus chaud de la délibération, paraît tout à coup M. Viennot, du *Corsaire*.

— Messieurs, dit-il, je viens aplanir les plus grandes difficultés de votre entreprise. A quoi bon créer un nouvel organe du parti républicain, lorsqu'il en est un qui fonctionne, et que je puis mettre à vos ordres?

Ce qui équivalait à dire : « Prenez mon ours! »

Au fond, néanmoins, la proposition semble acceptable. Il s'agit de voir quelles seront les exigences de M. Viennot.

Le brave homme n'en montre aucune, et de Latouche, maître absolu du *Corsaire*, en confie la rédaction à Louis Desnoyers et à Eugène Briffaut.

Ces plumes vaillantes opèrent des prodiges.

En quelques mois, le journal, qui n'a pas cent cinquante abonnés, en gagne près de deux mille.

Desnoyers débuta par un article sur le choléra de 1832.

Pour rire de ce fléau terrible, qui tue d'épouvante une partie de ceux qui ne meurent pas de ses atteintes, et pour en faire rire les survivants, il fallait un singulier mélange de courage et d'esprit.

Toute la verve de l'ancien *Figaro* passait dans *le Corsaire*.

Le pouvoir, aiguillonné chaque jour et saignant de piqûres, se fâcha sérieusement.

On lança des mandats d'amener contre les rédacteurs.

Desnoyers et Briffaut échappèrent aux agents; mais le père Viennot, trahi par ses jambes goutteuses, fut bel et bien appréhendé au corps et jeté sous les verrous de la Conciergerie.

Malgré ces persécutions, *le Corsaire* ne cessa pas de paraître un seul jour.

Desnoyers, dépistant toutes les recherches de la police, écrivait en quelque sorte ses articles au vol. Briffaut suivait son exemple, et les imprimeurs ne chômaient pas.

Enfin les poursuites se ralentirent.

Desnoyers peut reparaître au bureau du *Corsaire*.

Bientôt il reçoit la visite de M. Bertet d'abord, qui lui demande des articles pour *le Voleur* [1], puis celle d'Armand Carrel.

— Tous les hommes de talent de mon parti, lui dit ce dernier, collaborent à la feuille que je dirige, et je viens vous annoncer moi-même que les portes du *National* vous sont ouvertes.

[1] Girardin avait vendu ce journal, pour en créer plusieurs autres également remarquables par leur industrialisme et la fécondité de leurs produits.

Modeste et plein de défiance en lui-même, Louis veut décliner l'honneur qu'on fait à sa plume ; mais Carrel insiste d'une manière si pressante qu'il faut céder.

Le plus grand nombre des articles que notre héros donne à la gazette républicaine paraissent en premiers-Paris.

Desnoyers est libre de traiter n'importe quel sujet, à son choix. Sous ce titre, *Variétés politiques*, il rédige fort longtemps une revue hebdomadaire, et remplace, pour la critique musicale, M. Fétis, nommé directeur du Conservatoire de Bruxelles[1].

---

[1] « Les longues études spéciales de Louis Desnoyers, dit la *Galerie de la Presse*, le servirent parfaitement, et les articles qu'il publia, pendant quelques années, sur la musique, lui valurent une place distinguée parmi

Quelques mois avant son entrée au *National*, il avait écrit pour le livre des *Cent et un* cette charmante collection d'études de mœurs qui s'intitule *les Béotiens de Paris*.

Sa Majesté le roi des critiques se trouvait chez Ladvocat, le jour où l'imprimeur envoya l'épreuve.

Janin parcourut les placards et jeta des cris d'admiration.

A l'entendre, Desnoyers avait fait une merveille ; mais, quand il fallut rendre compte de l'œuvre, il rédigea cinq ou six

---

les écrivains qui traitent de cet art. » Nous devons ajouter que, depuis la fondation du *Siècle*, Desnoyers se charge fort souvent, dans ce journal, du compte rendu des théâtres lyriques.

phrases lourdes et pâteuses qui ne donnaient aucune envie de la lire.

Telle a été, telle est encore, telle sera toujours la probité littéraire de l'homme.

L'auteur des *Béotiens* travaillait aussi pour le *Journal des Enfants*. Il y donna *Jean-Paul Choppart*, ouvrage entièrement original, qu'on a eu tort de croire traduit de l'allemand[1], et les *Aventures de Robert Robert*, modèles accomplis de ce genre difficile qui consiste à produire l'intérêt sans appeler en aide les passions.

[1] Cette erreur fut accréditée par une note appartenant à un autre article, et qu'un metteur en pages étourdi glissa sous le premier numéro de *Jean-Paul Choppart*. Desnoyers ne réclama point, et l'on a peine à comprendre cet excès d'indifférence d'un auteur pour sa renommée.

Il est à remarquer, comme fait assez bizarre, que Desnoyers, l'écrivain moderne le plus occupé d'amour, a composé deux excellents livres où ce sentiment ne joue aucun rôle, et qui resteront sûrement dans la bibliothèque de l'enfance.

Nous entendons ici nos adversaires crier d'un ton rogue :

« Vous êtes un biographe partial ! Ouvrez la notice consacrée à Eugène Sue ; qu'y trouve-t-on ? l'histoire d'un démocrate aux mœurs un peu folles, c'est-à-dire une peinture absolument analogue à celle que vous tracez de Louis Desnoyers. Cependant vous ne donnez à celui-ci que des louanges, et vous avez écrit contre l'autre un véritable libelle... »

Halte là, nos maîtres !

Il y a d'abord une différence assez notable entre des mœurs un peu folles et ce dévergondage effréné qui se pose en système, arrache impudemment le voile de ses victimes, les donne en spectacle et les couvre de honte.

Louis Desnoyers n'a rien de semblable dans son histoire.

C'est un écrivain qui fait de bons livres et qui n'a jamais empoisonné les masses.

On n'est point obligé de fouiller dans sa vie pour le mettre en contradiction avec lui-même, et signaler sa mauvaise foi. Le moraliste n'a rien à voir à ses faiblesses.

Louis Desnoyers a toujours marché sur

la même route, et, quand nous sommes en face d'une opinion sincère, nous avons l'habitude de la respecter.

Mais l'auteur de *Mathilde!*... allons donc!

Celui-là n'est pas convaincu. Tout dans sa conduite le démontre.

Admettons néanmoins qu'il le soit.

Quand un homme s'est trompé dans ses premiers écrits et dans sa foi première, nous ne lui permettons pas, le jour où il accepte un autre culte, de venir nous en prêcher l'observance. Où est la preuve qu'il ne se trompe pas encore? Le laissera-t-on nous entraîner indéfiniment de la sorte d'apostasies en apostasies, de mensonges en mensonges ?

Vous changez de doctrine, ne prêchez plus ! Vous jetez votre drapeau, n'en levez pas un autre !

En passant par votre bouche, la vérité même s'altère; on refuse de vous croire; vous êtes dépouillé de tout prestige.

L'insolent aristocrate de *la Vigie de Koatven* n'avait le droit d'écrire ni *le Juif Errant*, ni *les Mystères de Paris*, même dans l'hypothèse où ces deux monstruosités sociales et littéraires seraient des ouvrages moraux.

Vous le voyez, nous allons loin.

Si nous raisonnons maintenant au point de vue de l'art pur et simple, Louis Desnoyers a du style, Eugène Sue n'en a pas l'ombre.

Donc, nous admettons l'un et nous repoussons l'autre.

On réimprimera toujours certains livres du premier; dans vingt-cinq ans, il ne restera pas une ligne du second.

Laissez marcher le siècle, et vous direz si nous avons tort !

Outre les œuvres de Louis Desnoyers dont nous avons plus haut donné le titre, citons les *Mémoires d'une pièce de cent sous*, — *une Maison de Paris*, travail d'observation comique, relatif aux différentes variétés de locataires; — ***Comment*** *la gaieté revient aux dames*, — et les *Études sur les femmes*, dont la première partie, *Gabrielle*, forme la valeur de quarante-cinq feuilletons [1].

Il n'y avait pas trop de ce nombre pour

[1] L'éditeur Gabriel Roux s'est chargé de publier en volumes les *Études sur les femmes*. Puisque le nom de ce libraire, qui a longtemps été le nôtre, se rencontre aujourd'hui sous notre plume, nous devons démentir les insinuations malveillantes contenues dans une brochure trop infime pour que nous en indiquions même le titre. On prétend que M. Gabriel Roux a exploité nos débuts. C'est absolument faux. Les auteurs de la brochure se sont trompés de nom. M. Gabriel Roux ne ressemble sous aucun rapport à certain éditeur-Shylock, dont nous aurons à dévoiler, un jour, les honteuses manœuvres. M. Gabriel Roux a constamment encouragé les jeunes écrivains, même au détriment de sa bourse, et, pour notre compte, nous affirmons qu'il nous a commandé et *payé d'avance* plus de quinze volumes, à une époque où nous n'avions aucune espèce de notoriété, et où ses finances pouvaient être parfaitement compromises. Il s'est conduit avec nous moins en éditeur qu'en ami, et nous sommes heureux de lui rendre ce témoignage.

servir de recueil à l'immense érudition de notre écrivain sur la matière.

Ajoutons à ses travaux toutes les revues qu'il écrit dans *le Siècle*, revues musicales, revues de Paris, revues politiques et revues de salon.

Les sept dixièmes du *Veau d'or*, roman posthume de Frédéric Soulié, sont dus à la plume de Louis Desnoyers.

Nous aurions tort de ne pas faire mention d'un article surprenant, publié dans *Paris révolutionnaire*, où il formule, dix-sept ans à l'avance, le résultat d'idées en fermentation. C'est une véritable prophétie, annonçant la Révolution de février dans ses détails les plus intimes et en apparence les plus fortuits.

Il va jusqu'à parler de la rue Lamartine, sans dire néanmoins qu'elle supplantera la rue Coquenard.

Nous ne résistons pas au désir de donner à nos lecteurs un spécimen du style et de la manière de Louis Desnoyers. Tout le monde connaît sa délicieuse et fine étude sur *les Béotiens de Paris*; ce sera donc à *Gabrielle* que nous emprunterons quelques passages.

Et d'abord lisez celui-ci :

« La fenêtre joue un grand rôle dans l'histoire amoureuse des femmes. Nous ne parlons pas même de la fenêtre qu'on escalade par amour ni de celle d'où l'on se précipite par surprise : ces fenêtres-là ne sont pas de notre compétence; elles appartiennent au drame, et nous ne faisons que de la comédie. Nous nous en tenons à la fenêtre morale, à la fenêtre innocente, à celle que l'on contemple, à celle d'où l'on regarde. Supprimez cette fenêtre-là, et vous supprimez du même coup la moitié des amours; murez-la, vous murez à moitié le cœur.

« C'est en grande partie à l'absence des fenêtres extérieures que les Orientaux doivent de ne connaître de l'amour, les infortunés! que ses félicités les plus prosaïques; et d'ignorer complétement ses plus délicieuses poésies.

« C'est à ses fenêtres, à ses balcons surtout, que l'Espagne, au contraire, a dû d'être et de rester le plus galant pays du monde.

« Si la fenêtre n'existait pas, il faudrait donc l'inventer.

« Une femme, par exemple, rentre chez elle, au retour d'une promenade, où, sans s'être retournée une seule fois, elle a senti, à cent pas derrière elle, la présence magnétique d'un admirateur : il y a beaucoup à parier qu'elle viendra, de l'air le plus indifférent, se placer un instant à sa fenêtre pour voir, tout en regardant du côté opposé, si l'amour a placé sur le seuil son inévitable sentinelle.

« Une femme a un jeune vis-à-vis de fenêtre :
« —Ah! il est midi... et son rideau n'est pas même
« entr'ouvert... c'est singulier!... monsieur n'est
« pas encore levé, à ce qu'il paraît... monsieur est
« sans doute allé au bal... monsieur n'est peut-
« être pas rentré du tout, le vilain homme!...
« Ah! mon Dieu, il est malade peut-être!... Mais
« non... le voici qui paraît enfin!... C'est fort
« heureux!... à deux heures de l'après-midi!...
« être en retard de six heures seulement!... Ah!
« le voici qui se dispose à sortir, et en grande
« toilette encore!... Fi! le coureur!... Où allez-
« vous, monsieur, que vous vous êtes fait si beau!
« Je ne sais ce qui se passe, mais, depuis quelque
« temps, vous m'avez tout l'air de vous déran-
« ger, monsieur!... Si cela continue, nous nous
« brouillerons, je vous en avertis!... Adieu, mon-
« sieur!... Portez-vous bien, monsieur!... Ah!...
« le voici qui rentre... il y a de la lumière chez
« lui... Eh bien! à la bonne heure!... il n'est que
« minuit moins un quart... je ne suis point trop

« mécontente de lui cette fois... il y a améliora-
« tion dans sa conduite....On finira par en faire
« quelque chose de bien... Bonsoir, monsieur!...
« Dormez bien, monsieur!... Au revoir, mon-
« sieur!... »

« A qui croyez-vous que ces gentilles paroles
soient adressées?... Au vis-à-vis?... Fi donc! Le
vis-à-vis ne s'en doute même pas. C'est la jolie
curieuse qui se les adresse elle-même à elle-
même. Elle n'a, certes, aucun motif de cœur
pour observer les faits et gestes de monsieur le
vis-à-vis. Monsieur le vis-à-vis lui est fort indifférent. C'est une simple affaire de flânerie fémi-
nine, ou tout au plus d'innocente distraction.

« Enfin, beaucoup de femmes ont un *escorteur*,
ou un *regardeur*, ou un *rôdeur*, qui leur est parfaitement inconnu, et qu'elles ne désignent pas
autrement, lorsqu'elles en parlent à leurs bonnes
amies, que sous ce titre logogriphique : « Celui
« qui passe toujours sous mes fenêtres ».

« *Celui qui passe sous leurs fenêtres*, avec assi-
duité, avec régularité, avec éternité, soit inten-

tion, soit hasard, soit chemin naturel et nécessité d'affaires, celui-là jette presque toujours une grande préoccupation dans la vie des femmes. C'est une habitude. Elles s'en moquent tout haut, s'il est fort laid; elles s'en moquent, dans le cas contraire, avec bien plus d'affectation encore; mais quelquefois elles s'intéressent à lui tout bas, et cela peut expliquer pourquoi l'encoignure des fenêtres est une place si généralement affectionnée pour les petits travaux d'aiguille. On est là, pouvant voir sans être vue, comme l'antique sentinelle au haut de son donjon; on domine toute la plaine, et, pour regarder tout ce qui passe aux alentours, il suffit d'un simple clignement d'œil; que la situation, que le moindre bruit autorisent, et que personne ne remarque, pas même l'heureux promeneur qui en est l'objet. »

Si vous demandez une peinture de sentiment plus sérieuse, *Gabrielle* peut encore vous l'offrir.

Le passage suivant arrachera des larmes à bien des mères.

« On fait tout pour marier le plus tôt possible sa fille; il semble qu'on n'ait pas d'autre souci que de se débarrasser d'elle, pas d'autre désir que de s'en séparer, pas d'autre bonheur que de cesser de la voir, de l'entendre, de l'admirer, de la caresser; et puis, aussitôt qu'on a donné à un homme, au premier venu parfois, à un étranger toujours, cet être si poétique, si doux, si aimant, si aimé, si charmant aux yeux comme au cœur, cet être adoré entre tous, ce second soi même, cet ange tombé du ciel, cette fleur divine qu'on a fait éclore à la vie, alors, par une réaction de la tendresse contre l'intérêt, de l'amour maternel contre l'ambition et la vanité, de la douleur présente contre les appréhensions de l'avenir, on regrette amèrement d'avoir jeté ainsi la jeune fille aux bras de ce premier venu; d'avoir livré ce cher trésor aux mains souvent indignes de cet étranger; d'avoir laissé cueillir, par cet inconnu, cette fleur de grâce, d'innocence et de tendresse, qui faisait la joie et le parfum de votre maison, et que cependant vous n'aviez cultivée avec tant de soin que pour en faire l'ornement et l'allégresse d'une maison qui n'est pas la vôtre, et où souvent elle sera flétrie par le chagrin, desséchée par la misère, brisée par la brutalité.

« Le regret veut ressaisir ce que l'imprudence a donné.

« Mais c'est en vain. La loi vous a dépouillé de tous vos priviléges de mère; la loi vous a spolié de tous vos droits de père; la loi a consacré cette expropriation de vos plus doux sentiments. Et non-seulement la loi, mais la volonté même de celle que vous pleurez, et qui, par la nature autant que par la loi, est devenue, en un seul jour, pour vous, un peu moins qu'une fille, un peu plus seulement qu'une étrangère.

« Quand un fils abandonne ses parents pour se créer une existence tout à fait isolée, cette séparation n'apporte qu'une bien faible perturbation dans leurs rapports mutuels. Un homme se marie : il n'en conserve pas moins ses amitiés, ses relations, ses affections, filiales. Il n'y a rien de changé dans sa vie : il n'y a qu'une tendresse de plus. Son départ n'est donc qu'une simple séparation, tandis que le départ de la jeune fille, devenue femme d'hier, est une véritable désertion; c'est une désertion avec devoirs et sentiments. Le fils, en un mot, est un rameau qui a toujours poussé à part du tronc. La fille, au contraire, en fait essentiellement partie, et la détacher de l'arbre, c'est mutiler l'arbre même.

« Vous aviez entouré son adolescence de la tendresse infinie, de la tendresse inépuisable de votre cœur de père, de votre cœur de mère; elle semblait en retour vous entourer d'une infinie, d'une inépuisable reconnaissance; vous l'aimiez par-dessus tout au monde, et elle semblait vous aimer par-dessus tout. Mais voilà qu'un jour, — jour à jamais funeste, — un homme est venu, que vous avez appelé, que vous avez accueilli; et cet homme de votre choix, ce ravisseur imposé peut-être, l'a emportée dans son aire, malgré sa résistance même, loin du doux nid que lui avait fait

votre amour, et que le sien se refusait à quitter.
Et, le lendemain, vous regardez, vous écoutez,
vous attendez, vous cherchez autour de vous : —
la cage est vide, l'allègre fauvette a disparu, envolée ou volée; le silence a succédé à ses douces
chansons; elle ne vient pas, dès le matin, comme
la veille encore, voltiger gaiement autour de
vous, et becqueter sur votre front ses premières
caresses. — Plus rien qu'un affreux calme, plus
rien qu'un affreux silence, plus rien qu'un affreux
vide! — La chambre de l'absente n'offre plus que
ce désordre, si triste à contempler, qui est, non
pas le joyeux désordre de la présence, mais le
désordre de l'abandon : — de chastes vêtements,
laissés çà et là; de trop modestes parures, dispersées; des meubles que la joie a renversés;
des tiroirs que la précipitation a laissés entr'ouverts; un lit où personne n'a reposé; une foule
de riens charmants qu'affectionnait la jeune fille,
que la jeune femme dédaignerait aujourd'hui, et
qui gisent sur le tapis poudreux, comme ces plumes légères dont la fauvette a jonché le sol, pour
attester que l'épervier a passé par là.

« Voilà le triste spectacle qui désole vos yeux, mais votre cœur est encore bien plus cruellement frappé. A partir de ce jour, vous n'êtes plus qu'au second rang, en attendant que la maternité vous repousse au troisième, dans l'affection de celle qui vous chérissait par-dessus tout la veille. Cet homme, cet inconnu, ce ravisseur, s'est placé d'emblée au premier rang. Quelques heures de fausse et passagère tendresse, peut-être, lui ont suffi pour effacer la vôtre, que vingt années de soucis, de soins et d'abnégations ont éprouvée et consacrée. Et non-seulement il vous a ravi son affection suprême, mais il peut vous priver de ses filiales caresses, de sa douce vue, de sa présence adorée, vous qui la lui avez donnée tout entière, corps et âme. La jeune femme ne vous doit plus qu'un froid respect. C'est à lui désormais qu'elle doit obéissance et dévouement. Si elle l'aime, elle vous quittera sans regret pour le suivre au bout du monde; si elle ne l'aime pas, elle l'y suivra par résignation. La nature ou le code lui imposera cette obligation, qui fera sa joie ou son orgueil. Et vous n'aurez pas à la maudire de cette préférence, car vous lui en avez enseigné doctoralement la nécessité, vous lui en avez donné l'exemple en même temps que le précepte; le ciel et la terre lui en font un devoir absolu, et, si vous êtes raisonnables, vous seriez les premiers à blâmer vous-mêmes l'oubli coupable qu'elle oserait en faire. Bien loin donc que l'égoïsme de votre cœur vous fasse désirer qu'elle vous rende, de son ancienne tendresse, tout ce que le temps et l'inconstance peuvent lui permettre d'en reprendre à son époux, vous devez souhaiter, au contraire, qu'ils soient chaque jour plus heureux l'un et l'autre, l'un par l'autre, au prix de votre malheur même. Ce malheur-là, c'est votre dernier bonheur. »

Louis Desnoyers, vers la fin de 1832, n'avait point encore envisagé la question du mariage à ce point de vue.

Essayant d'échapper à des séductions

toujours renaissantes et fort peu compatibles avec le travail de l'écrivain, il fonda *le Charivari* pour s'imposer un surcroît de besogne, et contracta des nœuds devant M. le maire, afin de briser d'un seul coup toutes ses chaînes illégitimes.

Par une bizarre coïncidence, le jour même de son hymen fut celui de l'apparition du nouveau journal.

Au sortir de la messe, notre époux de fraîche date court à l'imprimerie.

Tout le numéro est à faire.

Il écrit une première colonne, l'envoie aux compositeurs, en rédige une autre en attendant l'épreuve, et, de rédaction en correction, travaille sans désemparer jusqu'à près de minuit.

Il était temps, comme on le voit, d'aller rejoindre l'épousée.

Mais, dans le feu de l'improvisation, notre homme a perdu le souvenir de ses noces.

Albert Clerc et Altaroche surviennent. On cause longtemps.

Ces messieurs laissent Desnoyers composer un dernier article, revoir une dernière épreuve, et celui-ci, rompu de fatigue, s'endort, après leur départ, sur un canapé des bureaux.

Quatre heures sonnaient à la paroisse voisine.

Le lendemain, les amis de notre journaliste le retrouvent à la même place. Il vient de s'éveiller et lit tranquillement son premier numéro en fumant un cigare.

— Eh! s'écrient-ils, est-ce que tu ne t'es pas couché?

— Non, répond Louis.

— Malheureux!... et ta femme?

Desnoyers se lève. Le havane lui tombe des lèvres. Il regarde ses collaborateurs avec stupéfaction, et murmure :

— Ah! miséricorde! je n'y songeais plus.

Nous ne savons pas à quel genre de raisonnement il eut recours, lorsqu'il dut justifier aux yeux de madame cette inconcevable distraction.

L'ancien *Charivari*, avec ses trois hommes d'État et sa plume bouffonne, est encore trop près de nous pour que nous en fassions l'histoire. Six années durant, le héros de cette notice et ses deux collègues ont dépensé là plus d'esprit que n'en contiendraient cinq cents volumes d'Alexandre Dumas et deux mille comédies de M. Scribe.

Directeur de quatre journaux à la fois, Desnoyers travaillait nuit et jour.

Il s'était habitué à dormir en regagnant son domicile et en marchant, de trois à cinq heures du matin, dans les rues désertes et silencieuses.

Ceci est un fait que tous ceux qui le connaissaient alors peuvent certifier.

De temps à autre, il ouvrait l'œil instinctivement pour reconnaître à quel point de sa route il pouvait être; puis, refermant la paupière, il se remettait en marche et finissait par arriver chez lui, guidé par la Providence beaucoup plus que par ses jambes.

A neuf heures, son domestique avait ordre de l'éveiller. Il fallait songer au numéro du lendemain.

Chose bizarre! la nature, à époque fixe, prenait sa revanche, et notre rédacteur en chef payait d'un seul coup sa dette au sommeil.

Il tombait, à la fin de chaque mois, dans une sorte de léthargie effrayante qui durait deux nuits et deux jours. Alors madame Desnoyers écrivait à Altaroche :

« Mon mari dort; ne comptez sur lui qu'après-demain. »

Le jour où Fieschi consomma son crime sur le boulevard du Temple, des ordres furent donnés en haut lieu pour jeter immédiatement dans un cul de basse fosse tout ce qui tenait une plume républicaine.

M. de Bassano, chargé de l'exécution de ces ordres, et trouvant qu'ils péchaient par un excès de rigueur, fit transmettre à chacun des individus menacés un avis secret, pour les engager à quitter Paris, au moins pendant quelques semaines.

Desnoyers et Philippon se trouvaient dans les bureaux du *Charivari*, quand arriva ce conseil officieux.

Ils déguerpirent au plus vite, comme on peut le croire.

Le jour même, deux messieurs, fort bien vêtus, entrant dans les bureaux, y rencontrent un vieil homme de lettres, nommé Caron, chargé, depuis un temps immémorial, de la rédaction exclusive des articles de modes.

Caron, pourvu d'une dose d'amour-propre fort grande, trouvait que les trois hommes d'État ne rendaient point à son talent toute la justice désirable.

— Monsieur le rédacteur en chef, s'il vous plaît? lui demandent les visiteurs, avec un salut plein de politesse.

— C'est moi! répond fièrement Caron, très-enchanté de se trouver seul et de passer, une fois dans sa vie, pour un personnage littéraire.

Les agents font un signe du côté de la porte.

Six gardes municipaux se montrent, prennent le soi-disant rédacteur en chef au collet, le contraignent à descendre un peu brutalement, malgré ses protestations énergiques, le fourrent dans un fiacre, et le mènent droit aux cachots de la Conciergerie.

Caron y resta quinze jours, en expiation de son orgueil.

Si *le Charivari*, pendant ce laps de temps, n'imprima point de compte rendu de modes, il ne manqua pas d'autres articles, et la rue de Jérusalem, qui savait tous les rédacteurs en fuite, ne comprenait rien à ce mystère.

Cachés à Passy, les uns chez le vaudevilliste Desvergers, les autres chez l'avocat Crémieux, nos trois hommes d'État expédiaient leur copie, chaque soir, en contrebande, soit dans une hottée de légumes, soit dans un panier de fruits.

L'année suivante, au milieu de ses nombreuses occupations de journaliste et de ses fatigues de chaque instant, Louis Desnoyers fut chargé par M. Dutacq de rédiger le numéro-spécimen du *Siècle*.

Il passa soixante-douze heures sans dormir, et, la dernière ligne écrite, il fut saisi d'un transport au cerveau, qui mit ses jours dans le plus grand péril.

La convalescence lui montra *le Siècle* fondé.

Sa fortune était faite.

Par un acte fort en règle, notre écrivain doit rester, sa vie durant, rédacteur en chef du feuilleton. Il touche environ huit cents francs par mois d'honoraires, sans compter ce que lui rapportent ses nombreux articles.

Desnoyers écrira, quelque jour, l'histoire de ses relations avec les grands seigneurs de la littérature, qui lui viennent en équipage, et avec les pauvres aspirants, qui lui viennent sans bottes.

Ce sera bien certainement un livre que s'arracheront les lecteurs.

Il serait mal à nous de le déflorer. Nous citerons seulement quelques détails.

Le poëte Lassailly, paresseux de premier
ordre et bohème enraciné, sembla tout à
coup saisi d'une ardeur extrême pour la
prose. Sa plume devint infatigable, et
ses nouvelles envahirent les cartons du
Siècle.

Desnoyers ne tarda pas à s'apercevoir
qu'elles se ressemblaient toutes et repro-
duisaient constamment les mêmes phrases, dites par les mêmes personnages.

Il finit par en demander le motif à
l'auteur.

Lassailly confessa très-ingénument qu'il
correspondait, au moyen du feuilleton,
avec une jeune fille de province dont le
père était abonné au *Siècle*. Ses éternelles

redites étaient d'éternels serments d'amour, comme il convient à tous les amoureux d'en faire.

Un modeste homme de lettres de province écrivait à Desnoyers, en lui expédiant son œuvre :

« Monsieur,

« Bien certainement les lignes que je vous envoie sont indignes de la publicité ; mais j'espère que vous serez assez aimable pour venir en aide à mon inexpérience. Refondue par vous, et corrigée avant l'insertion, ma nouvelle, sans aucun doute, sera digne de vos lecteurs. »

Impossible de faire un aveu plus humble et une proposition plus candide.

Un autre débutant littéraire, fatigué de rompre tous les jours la bande du journal, et de ne pas trouver sous le pli son article, envoya au rédacteur en chef cette lettre pleine de laconisme et de désespoir :

« Si demain je ne suis pas imprimé, je me brûle la cervelle. Vous aurez mon trépas sur la conscience. »

Enfin nous avons lu nous-même, un soir, dans les bureaux du *Siècle*, cette phrase touchante, qui terminait la missive d'un littérateur orphelin :

« Daignez accueillir ma nouvelle, et ma mère vous bénira du haut des cieux ! »

Mais, insensible à tout, Desnoyers n'ouvre ses colonnes qu'au mérite, et ne cède même pas — héroïsme sublime pour un homme de sa nature! — aux douces œillades de nos dames poëtes, qui savent si bien donner à leurs supplications le charme qui manque à leurs vers.

Un jour, à sa grande surprise, il vit entrer dans son cabinet un ministre de Louis-Philippe.

C'était le grand philosophe Victor Cousin, qui venait solliciter lui-même, en personne, pour obtenir l'insertion de quelques poésies, refusée à une muse de sa connaissance intime.

Mais chut!... Souvenons-nous de la leçon tragique donnée autrefois à Alphonse

Karr par cette terrible madame Louise Collet, née Révoil.

Foin des muses qui jouent du couteau !

De méchantes langues affirment que le rédacteur en chef du *Siècle*, une fois son feuilleton lu et corrigé, s'endort, comme un autre Annibal, dans les délices de Capoue.

Ceci est une calomnie flagrante.

Le *Siècle* est loin d'être pour Louis Desnoyers une sinécure. Il est obligé de lire, année commune, quatre cents manuscrits ; il en relit, corrige et recorrige cinquante, et cette occupation monotone, qui lui prend au moins huit heures par jour, ne l'empêche pas de fournir son contingent à la littérature active. Il sait mener de front le travail et le rêve, les affaires sérieuses et le plaisir. Ces dames ne volent pas la postérité.

Nous avons réservé pour la fin de cette notice un fait très-grave, que nous n'hésitons pas à reprocher à notre héros.

Il a fondé la Société des gens de lettres.

Cette mauvaise action de sa vie remonte à l'année 1837.

Nous disons mauvaise action par antiphrase; car il était animé des intentions les plus loyales et les plus fraternelles.

Ses principaux complices dans la chose furent Léon Gozlan, Marco Saint-Hilaire,

Emmanuel Gonzalès, Altaroche, Élie Berthet, Hippolyte Lucas, Eugène Guinot, Louis Viardot, Alphonse Royer et Louis Reybaud.

Impossible de se tromper en meilleure compagnie.

Balzac, ayant accepté les statuts de la société nouvelle, ne tarda pas à se frapper la poitrine et à se repentir. Mais les autres persistèrent dans leur honnête égarement.

Ils bâtirent sur le sable un édifice sans consistance, qui pèche et pèchera toujours par la base, nous voulons dire par le caractère même des membres de l'association, perpétuellement en jalousie et en discorde.

Voici tantôt dix-huit ans que les esprits les plus sages, les natures les plus fermes consacrent leurs efforts à maintenir cette institution boiteuse, qui chancelle au moindre souffle et menace ruine : ils ne parviennent qu'à consolider les abus, tant les abus se trouvent inhérents à l'institution même.

Imprévoyants et candides en affaires, comme beaucoup de littérateurs, Louis Desnoyers et ses collègues ont placé près du berceau de la société naissante un ex-homme de loi [1], père nourricier bâtard, qui a fait sucer à la pauvrette les mamelles

[1] M. Pommier, aujourd'hui remplacé par M. Godefroy.

de la chicane, et s'est appliqué surtout à la rendre mercantile et tracassière.

Au diable la dignité des lettres, au diable leur honneur et leur indépendance!

L'essentiel est d'avoir un budget.

Sommons par huissier tous ces malheureux journaux de province de nous tenir compte de la reproduction de nos articles, à raison de tant la ligne. Il est évident que le Palais de Justice saura les y contraindre.

Journalistes et romanciers auront en poche quelques centimes de plus, une misère!

Mais aussi l'agent central sera rétribué grassement. Son emploi deviendra bel et bien une charge, il pourra la vendre ou la transmettre par héritage.

Que demandez-vous de plus, morbleu !

Si vous restez pauvres à côté de votre agence opulente, on invitera le baron Taylor à vous secourir. Il organisera des loteries en votre faveur; il vous fera l'aumône.

Pour ce qui est de votre talent, de vos travaux, de votre avenir, on ne s'en inquiétera pas.

Seulement, le jour où vous serez en butte à la détresse et aux mauvaises tentations qu'elle donne, — *malesuada fames!* — on vous accordera, si vous avez des protecteurs, et sur votre requête écrite et signée, de quoi ne pas mourir de faim pendant sept ou huit jours.

N'est-ce pas une générosité merveilleuse ?

Et si vous désirez qu'elle se renouvelle, si vous êtes prudents et sages, vous nommerez pour vos dignitaires, à chaque assemblée générale, des hommes déconsidérés, mais opulents, qui vous inviteront, de temps à autre, à dîner chez Lucullus, et qui, le jour où vous serez repus, monteront sur vos épaules de niais pour escalader quelque position politique.

Est-ce là, oui ou non, monsieur Louis Desnoyers, la société que vous nous avez faite ?

Hélas ! ce n'était point, évidemment, celle que vous vouliez faire. N'en parlons plus... et que le ciel vous pardonne !

FIN.

P. S. Au moment où nous terminons cette notice, on nous envoie, du fond des États Sardes, la lettre écrite par M. Eugène Sue à l'occasion de sa biographie. Nous publierons, dans le prochain volume, cette lettre et notre réponse.

www.ingramcontent.com/pod-product-compliance
Lightning Source LLC
LaVergne TN
LVHW050638090426
835512LV00007B/911